AF563711

L'EMPEREUR

NAPOLÉON III

ET

L'ANGLETERRE

NEUVIÈME ÉDITION

PARIS

TYPOGRAPHIE DE FIRMIN DIDOT FRÈRES, FILS ET Cie

IMPRIMEURS DE L'INSTITUT IMPÉRIAL

RUE JACOB, 56.

1858

L'EMPEREUR
NAPOLÉON III
ET
L'ANGLETERRE.

DIXIÈME ÉDITION.

PARIS

TYPOGRAPHIE DE FIRMIN DIDOT FRÈRES, FILS ET Cie,

IMPRIMEURS DE L'INSTITUT IMPÉRIAL

RUE JACOB, 56

1858

L'EMPEREUR
NAPOLÉON III
ET
L'ANGLETERRE.

I

Nous croyons qu'il y a un devoir à remplir envers l'opinion : c'est de faire entendre une parole impartiale et calme en présence des passions qui ont été si injustement soulevées en Angleterre. Nous avons la confiance d'être compris de l'autre côté du détroit. Nous serons sobre d'observations ; avant tout, nous rappellerons les faits.

Quand Louis-Napoléon fut élu président de la République, il ne trouva autour de lui, dans l'assemblée qui devait partager et souvent entraver son pouvoir, que des partis hostiles ou peu sympathiques à l'Angleterre : les légitimistes gardaient religieusement à nos ennemis séculaires le ressentiment historique de nos vieilles luttes nationales ; les républicains se rappelaient Pitt ligué avec Cobourg contre la Révolution pour l'anéantir ; les orléanistes regrettaient autant la protection qui les avait humiliés que l'abandon dont ils avaient souffert avant de tomber ; enfin les partisans de l'Empire avaient encore l'âme ulcérée des souvenirs les plus douloureux de l'histoire contemporaine.

Qu'allait faire l'héritier de l'empereur Napoléon Ier, devenu le chef de la France ? Céderait-il aux rancunes et aux préventions des partis ? encouragerait-il par son exemple les haines internationales encore frémissantes au souvenir de Waterloo et de Sainte-Hélène ? vengerait-il, au moins par sa froideur, son nom et son caractère injuriés par la presse anglaise au moment de son élection ? Non. L'exil est une école de sagesse et de maturité pour ceux que Dieu destine à régner. A cette école Louis-Napoléon avait beaucoup appris et beaucoup oublié. Il ne se souvint que de l'hospitalité qui avait adouci les épreuves de ses mauvais jours ; il ne considéra que les grands intérêts qui rapprochaient la France et l'Angleterre pour le bien de la civilisation.

II

En 1849, la Porte est menacée par l'Autriche, à cause de l'asile qu'elle accorde aux réfugiés hongrois. Le président de la République pense que la France ne peut pas se désintéresser dans ce débat qui semble de nature à affecter de graves questions européennes. Il ordonne à la flotte française de se diriger vers les Dardanelles en même temps que la flotte anglaise, et il saisit ainsi la première occasion d'une entente active entre les deux gouvernements. Mais il y avait encore à cette époque de telles susceptibilités contre l'Angleterre que le ministère français, dont M. Odilon Barrot faisait partie, mit une condition à l'envoi de notre flotte : c'est qu'elle ne naviguerait pas avec la flotte anglaise, et que son action serait distincte, quoique le but fût commun. Il y avait, sans doute, dans cette réserve, un excès de défiance, mais ce n'était que la conséquence d'un excès de ressentiment entretenu par la double influence de la tribune et de la presse.

Quelque temps après, lord Palmerston signifie à la Grèce un ultimatum qui alarme l'Europe. L'Assemblée législative, qui avait hérité des sentiments de l'Assemblée constituante contre l'Angleterre, saisit avec bonheur cette occasion de montrer l'hostilité qui l'anime. Elle pèse sur les ministres du président de tout le poids d'une opinion fortifiée par une sorte de popularité; et notre ambassadeur, M. Drouin de Lhuys, reçoit l'ordre de quitter Londres. Lorsque M. le général de la Hitte, alors ministre des affaires étrangères, vint annoncer cette nouvelle, un élan de patriotisme irréfléchi souleva la Chambre tout entière. Le soir, tous les chefs de la droite se portèrent à l'Élysée pour féliciter le président; celui-ci les reçut avec une grande froideur, qui leur prouva qu'il ne partageait pas leur entraînement pour une mesure dont l'effet pouvait être de réveiller l'antagonisme des deux pays.

III

Arrive le *deux décembre*. C'était un acte de notre situation intérieure qui ne regardait personne à l'étranger. Cependant plusieurs journaux anglais se déchaînent contre celui qui a sauvé son pays d'une effroyable anarchie et peut-être préservé l'Europe d'un ébranlement. Il n'est sorte de calomnies que l'on n'invente et d'erreurs que l'on ne répande. Une feuille de Londres va même jusqu'à donner le dessin d'une scène qui représentait des insurgés fusillés au Champ de Mars. On faisait croire à de telles choses, que nos mœurs rendaient cependant aussi invraisemblables qu'elles sont heureusement impossibles. La vérité est que non-seulement personne ne fut fusillé après le combat, mais que tout s'était borné, dans une ville de 1,600,000 habitants, au soulèvement de 1,500 démagogues, dont 150 au plus périrent les armes à la main pendant la lutte. Cette vérité était aussi facile à constater en Angleterre qu'en France. Il fallait la dénaturer avec autant d'audace pour exciter l'animadversion contre un acte qui méritait la reconnaissance d'un peuple civilisé.

L'indifférence n'était pas possible en face de pareils outrages ; mais l'impassibilité était commandée par le patriotisme et l'intérêt public. Le chef de la France laissa passer ce flot de mauvaises passions auquel s'était mêlée l'écume de nos discordes civiles ; il ne voulut même pas autoriser les représailles pourtant bien faciles de la presse française. De grands peuples ne peuvent vainement s'offenser, et quand ils s'offensent ils sont bien près de combattre. C'est ce qui était arrivé après le traité d'Amiens, compromis si vite par les violences de la tribune et des journaux contre le premier Consul. Il est évident que si, dans les premiers mois de 1852, il n'y avait pas eu tant de sagesse de notre côté pour calmer l'opinion, nous revenions à 1802, et une rupture devenait la conséquence inévitable de l'irritation des deux pays.

Le bon sens public, plus encore que le temps, a ramené la partie saine du peuple anglais à l'appréciation véritable des choses et des hommes que tant d'erreurs grossières et de calomnies odieuses avaient essayé de dénaturer. En Angleterre comme en France, la conduite de l'Empereur a été jugée comme la jugera l'impartiale histoire. Déjà en 1852, au moment des agressions les plus violentes d'une partie de la presse anglaise, la cité de Londres avait protesté avec énergie contre une polémique qui révoltait son bon sens et son patriotisme. Deux ans plus tard, lorsque l'Empereur, accompagné de l'Impératrice, visitait en allié la Reine des Trois Royaumes, il ne trouvait dans ce grand pays que des sympathies et des respects.

IV

Nous arrivons à une autre phase des événements contemporains. La question d'Orient éclate dans la politique ; la guerre est résolue, l'alliance est conclue entre la France et l'Angleterre. Comment cette alliance a-t-elle été comprise et pratiquée par les deux peuples ? Il faut le dire à l'honneur de l'un et de l'autre : s'ils avaient été unis depuis des siècles, ils n'auraient pas apporté plus de loyauté, plus de dévouement mutuel, plus de confiance dans les épreuves qui leur furent communes. Quant à nous, et il nous est permis d'en être fiers comme d'une partie de notre gloire, nous avons prodigué notre concours sous toutes les formes. Il ne manquait pas de gens, à cette époque, qui voyaient moins un intérêt français qu'un intérêt anglais dans la guerre d'Orient. Sans s'arrêter à cette opinion, l'Empereur avait envoyé en Crimée deux fois plus de soldats que les Anglais. La bonne et complète intelligence fut au nombre des instructions les plus formelles qu'il donna aux généraux en chef. Cette inspiration du souverain de la France devint la règle de notre armée dans ses rapports avec l'armée anglaise. Défendant la même cause, exposées aux mêmes périls, les deux armées avaient des devoirs et des intérêts communs ; elles se devaient une assistance mutuelle de tous les instants. Pour notre part, nous l'avons donnée avec un entrain et une bonne volonté dont l'exemple est rare, dans l'histoire militaire, entre les combattants d'une même nation. A Inkermann, nous accourions au premier appel de nos alliés pour partager leurs dangers et seconder leur héroïsme sous la terrible étreinte des Russes. Les épreuves d'un hiver rigoureux, les fatigues d'un siége gigantesque, les pertes immenses causées par le feu, le froid, les maladies, ayant diminué considérablement l'effectif de l'armée anglaise, plusieurs régiments français partagèrent avec elle le service de ses propres lignes ; ils aidèrent à ouvrir ses routes, à transporter ses canons et ses vivres. Les Anglais nous ont payé ce concours par une noble réciprocité : ils ont transporté sur leurs bateaux nos troupes à Bomarsund et une partie de celles envoyées en Crimée; plus tard, quand leur armée a été réorganisée, nous avons trouvé chez eux le même dévouement qu'ils avaient trouvé chez nous : leurs hôpitaux ont été ouverts à nos malades, leurs médicaments ont été à la disposition de nos soldats.

Voilà ce qui s'est passé en Russie : sur le champ de bataille, les deux peuples n'en ont fait qu'un; les soldats des deux armées alliées n'ont eu qu'une âme sous leurs drapeaux unis, pour combattre, souffrir, mourir et triompher ensemble. Aussi, après la paix achetée par leur gloire commune, l'alliance cimentée par cette noble fraternité de l'héroïsme et des combats semblait-elle désormais inaltérable. On aurait dit que nous avions enseveli nos rivalités avec nos morts, sous les sables de Crimée, et que ces généreuses victimes avaient racheté par leur sang, versé pour la même cause, les luttes de plusieurs siècles. Quelle surprise pour nos aïeux, qui avaient vécu avec les haines d'un autre temps, s'ils pouvaient voir l'armée anglaise portant avec fierté sur sa poitrine l'effigie du martyr de Sainte-Hélène, et les fils de Waterloo porter, avec le même orgueil, la médaille sur laquelle est gravée l'image de la Reine d'Angleterre!

V

L'alliance paraissait donc indissoluble. Bientôt,

cependant, un dissentiment éclata dans l'interprétation des conditions de la paix. Cette divergence, jugée à Paris comme étant de peu d'importance, grossit démesurément à Londres, et l'on vit encore une partie de la presse anglaise, ajoutant cette fois l'ingratitude à l'injustice, oubliant les souvenirs de la veille, injurier l'Empereur, son gouvernement, ses actes, ses intentions. L'Empereur resta impassible.

Il y a plus encore : par esprit de modération, et dans l'intérêt de la bonne harmonie, la France et la Russie se mirent d'accord avec l'Angleterre. Les points en discussion se rattachaient d'ailleurs à des intérêts secondaires, qui n'affectaient en rien les garanties stipulées par le traité de Paris.

La question des principautés survint ensuite. Au congrès de Paris, la France et l'Angleterre étaient d'accord pour l'union. Plus tard le cabinet de Saint-James changea d'avis, et, par une regrettable appréciation des choses, ce fut le cabinet des Tuileries qui fut représenté à Londres comme désertant l'alliance. Le Gouvernement français aurait pu se sentir justement blessé de cette fausse interprétation de sa conduite si loyale et si modérée. A ce moment la révolte des Indes venait d'éclater ; si la France avait été moins sincère dans ses sentiments, moins désintéressée dans ses vues, l'occasion était belle pour se montrer plus réservée, plus exigeante peut-être envers son alliée. L'Empereur pensa et agit tout autrement ; les embarras que la guerre des Indes imposait à l'Angleterre ne le rendirent que plus conciliant, à Osborne, dans la question des principautés. Il offrit même plus tard au Gouvernement anglais de faire passer ses troupes à travers notre territoire, et il s'inscrivit, avec la garde impériale, en tête de la souscription pour les victimes de l'insurrection indienne.

VI

Nous touchons ici à ce qu'il y a de plus pénible entre les deux pays, à ce qui serait le plus capable, si l'on ne s'en expliquait franchement, d'affecter la confiance qui est la force de leur alliance. Cette explication est devenue nécessaire, non pour en tirer des griefs, mais pour éclaircir les faits et justifier les sentiments qui se sont manifestés en France.

L'attentat du 14 janvier avait frappé de stupeur Paris, la France et bientôt l'Europe entière. Après avoir remercié Dieu d'abord, on se demanda quelle était l'origine de ce crime, d'où venaient les assassins, dans quel milieu ils avaient conçu des pensées qui n'avaient plus rien d'humain, tant elles étaient perverses et sauvages. Les assassins venaient d'Angleterre; le crime avait été préparé, encouragé, soldé peut-être par ces affiliations de réfugiés qui déshonorent la généreuse hospitalité d'un pays libre, en y abritant la conspiration permanente de l'assassinat.

Alors on se dit tout naturellement en France : Comment ! c'est donc toujours en Angleterre que se préparent les attentats contre la vie de l'Empereur et la société ! Est-ce là ce que nous devions attendre d'une alliance si loyalement pratiquée pendant la paix, si glorieusement cimentée par la guerre ?

En effet, l'attentat du 14 janvier n'était pas le premier qui fût venu de Londres. D'autres crimes moins terribles, mais dont la pensée était aussi coupable, avaient la même origine. Ils sont tous nés au sein de ces associations révolutionnaires qui tiennent des séances périodiques, qui proclament ouvertement depuis six ans le droit de tuer l'Empereur, qui érigent le meurtre en doctrine et en devoir, qui fanatisent les esprits qu'ils ont corrompus, qui arment les insensés qu'ils ont fanatisés, qui expédient les assassins avec leur feuille de route, et qui attendent ensuite, sous la tolérance de l'hospitalité anglaise, le résultat de ces horribles machinations.

En veut-on la preuve ? La voici : elle est écrite dans les greffes de la justice criminelle.

VII

Le 29 juin 1852, la police découvre dans une maison de la rue de la Reine-Blanche, près de la barrière de Fontainebleau, une véritable fabrique de machines infernales destinées à un attentat qui devait éclater au mois d'août. L'impulsion de ce crime venait de Londres. Le voyage dans cette capitale d'un des accusés contumaces, ses rapports avec les réfugiés, la correspondance saisie ne laissèrent aucun doute sur ce point.

En janvier 1853, Kelsch est arrêté à Paris, après une vive résistance, ainsi que Galli et Rossi. Kelsch, dont la police avait connu et déjoué les mauvais desseins, venait également de Londres; l'information prouve qu'il avait été envoyé et payé par le Comité central démocratique, dont Ledru-Rollin et Mazzini sont les chefs principaux. Transporté à Cayenne, il obtint sa grâce de la clémence de l'Empereur.

Quelques mois plus tard, l'ancien sergent Boichot arrive en France; la police s'en empare, la justice le condamne. Boichot venait également de Londres, comme les autres.

En 1854, Magen, l'un des instruments les plus actifs de Ledru-Rollin, invente des bombes qui devaient éclater par le simple choc. Condamné en Belgique par contumace, il prend la fuite et se réfugie à Londres, avec ses complices Sanders et Brunet, au milieu des conspirateurs d'assassinat, qui l'accueillent comme un frère.

Quelque temps après la condamnation de Magen, la police arrête à Batignolles un homme porteur d'une grenade du même modèle que celle inventée par Magen ; c'était Carpeza, membre de la Société *la Fraternelle universelle*, formée des débris de la Société organisée par Ch. Delécluze, l'émissaire de Ledru-Rollin. Carpeza avait été déjà condamné pour affiliation à des sociétés secrètes. Condamné de nouveau le 4 août 1855, il est envoyé à Cayenne, d'où il réussit à s'évader.

Avant même la fin du procès Magen et consorts, le hasard fit découvrir, sur la voie du chemin de fer du Nord, une machine infernale construite d'après le même principe que les bombes et qui devait éclater sous le train impérial. L'instruction commencée établit d'une manière complète la culpabilité de Déron, Louis (de Lille), de Vandomme, des frères Jacquin (de Bruxelles), de D'henins et de Desquiens. Les quatre premiers furent condamnés par contumace à la peine de mort; Déron, l'instigateur principal de ce complot, se réfugia à Londres, où il vit dans une grande intimité avec Ledru-Rollin, dont il est devenu depuis l'un des familiers les plus assidus.

Le 28 avril 1854, Pianori tire presque à bout

portant, sur l'Empereur, deux coups de pistolet. Il arrivait de Londres, et c'est Mazzini qui avait mis dans ses mains le salaire du crime. Mais ce n'est pas tout : les Sociétés démocratiques de cette capitale firent frapper une médaille commémorative de l'acte de courage de Pianori ; un meeting fut tenu le 22 septembre, et il se trouva des orateurs qui, aux applaudissements de l'assemblée, firent l'apologie de l'attentat des Champs-Élysées et déplorèrent la mort de Pianori comme celle d'un martyr.

Un peu plus tard, Tibaldi, Grilli et Bortolotti sont arrêtés avant de pouvoir mettre leur dessein à exécution ; ces misérables n'étaient que les instruments serviles de perversités implacables. C'est encore de Londres que part l'impulsion de ce nouvel attentat, au sein de ces réfugiés où la justice trouvait les coupables, les flétrissait, les condamnait, sans pouvoir ni les atteindre, ni les frapper.

Enfin, le 14 janvier 1858, quatre Italiens lancent des bombes sous la voiture de l'Empereur, sauvé miraculeusement, ainsi que l'Impératrice. Ces bombes tuent dix personnes et en blessent cent cinquante-six. Les nouveaux assassins arrivaient de Londres. Ces projectiles terribles, qui, en manquant leur but, frappent tant de victimes et changent la scène de meurtre en une affreuse scène de carnage, ont été fabriqués en Angleterre. Deux Anglais, Allsop et Hodge, figurent dans ce complot, en même temps qu'un Français, Bernard, réfugié à Londres.

A ces tentatives si nombreuses il faut ajouter les excitations qui les provoquent sans cesse. Les associations révolutionnaires, composées de réfugiés, joignent la théorie à la pratique. Ces associations ont une activité infatigable; quelquefois divisées par des antagonismes personnels, elles sont toujours d'accord pour encourager et glorifier les attentats. Elles ont leurs meetings; elles prononcent des discours, publient et répandent des écrits. Il en pénètre toujours quelque chose en France, soit dans de petites brochures qui échappent à toute surveillance, soit par les journaux étrangers. Alors, pour quelques insensés qui admirent ces folies sanguinaires, il se trouve une immense majorité d'honnêtes gens dont les intérêts s'alarment, dont la conscience se soulève, et qui se demandent avec une surprise mêlée d'inquiétudes comment de telles infamies peuvent librement et publiquement se dire ou circuler dans un pays civilisé.

Pour expliquer ces impressions, il faut savoir jusqu'où peuvent aller la violence et la démence de ces prédications révolutionnaires. Voici un fait qui date du mois de novembre 1857; on verra comment [illegible]réludait aux bombes du 14 janvier par [illegible]es plo[illegible]ns directes.

Il y a à Londres un café, tout près de *Temple Bar*, où chaque jour est annoncée la question qui sera traitée le soir. Le public est invité à prendre part à la discussion. Ce café s'appelle *Discussion Forum ;* on y boit, on y mange, et on y fait en même temps de la politique. C'est un homme payé par le propriétaire qui préside et dirige la discussion. Au mois de novembre, on avait affiché publiquement l'ordre du jour suivant : « Le régicide est-il permis dans certaines circonstances ? » La question fut ouvertement débattue.

Ce n'est pas là d'ailleurs un fait transitoire et isolé, et ce qui s'est passé depuis, ce qui se passe tous les jours, vient l'aggraver encore. Le 9 février dernier, le club français dont les membres se réunissent dans Wylde Reading Rooms, Leicester square, a tenu une séance dans laquelle Simon Bernard, le complice d'Orsini, a pris la parole et s'est exprimé avec la plus grande violence. Il a déclaré que l'Empereur, les ministres, M. de Persigny, tous les hauts fonctionnaires français, étaient hors la loi, et il a invité tous ceux qui l'écoutaient à leur courir sus par tous les moyens en leur pouvoir. Ce discours, où l'ignoble le dispute à l'horrible, a été accueilli par de frénétiques applaudissements.

Enfin, il y a quelques jours, le 24 février dernier, Félix Pyat publiait sous ce titre : *Lettre au Parlement et à la Presse*, le véritable manifeste de l'assassinat, digne corollaire de toutes ces provocations.

Plus de cent cinquante pamphlets ont été publiés, la plupart à Londres, depuis 1852. Nous pourrions faire ici des citations qui prouveraient que, pendant ces six années, l'apologie de l'assassinat a été permanente, presque quotidienne. Nous nous bornerons à quelques lignes empruntées à une publication de 1857 par Félix Pyat ; elles seront plus que suffisantes pour établir ce que nous avançons :

« En dépit de toutes vos précautions, malgré vos « murailles de la Chine, vos lignes de douane, vos « cordons sanitaires, nous passons, nous pénétrons, « nous arrivons dans la chaumière, aux mains, aux « yeux, au cœur des ouvriers et des paysans, et le « peuple nous lit quand même.... De Bordeaux à « Lille, d'Angers à Lyon s'étendent les silos de *la* « *Marianne*, ses mines et ses sapes et ses traînées « de poudre, que la moindre bluette peut faire « sauter..... Voilà votre souleur !..... Vous savez « que notre lettre à *la Marianne* a été publiée à « Londres, que c'est de Londres que nous datons « nos foudres et nos trombes.... Oui, les auteurs du « mal vivent en Angleterre.... L'Angleterre est la « coupable, la recéleuse qui nous abrite, qui nous « imprime (1). »

(1) Imprimerie universelle de Zeno Swietoslawski, Londres, 178, High Holborn.

C'est ainsi qu'ils dénonçaient eux-mêmes l'Angleterre à la défiance publique pour la payer de son asile. Parce qu'elle était généreuse à leur égard, ils cherchaient à la rendre suspecte. De cette façon ils préparaient eux-mêmes le mouvement d'opinion qui devait éclater après l'attentat du 14 janvier contre cette tolérance mal comprise, dont la cause était dans le hasard des circonstances, dans l'embarras de la législation de l'Angleterre, et nullement dans les intentions du gouvernement de la Reine.

A peu près à la même époque, l'auteur de cet odieux pamphlet avait prononcé un discours sur la tombe d'un réfugié français, et c'est sur le bord d'une fosse que, profanant la mort elle-même, il avait osé faire cet appel à la vengeance :

« Quand donc une main héroïque arrêtera-t-elle le compte de sang? N'est-il pas temps de venger les morts et de sauver les vivants? Lorsqu'un homme s'élève au-dessus de la justice publique, il doit tomber sous la vindicte privée. »

Plus de dix mille personnes recueillirent ces paroles impies, et la presse anglaise, en les reproduisant, soit pour les approuver, soit pour les flétrir, les portait à tous les points de l'opinion. La réprobation qu'elles trouvaient dans les âmes honnêtes se traduisait facilement en griefs contre le gouvernement qui les tolérait.

VIII

L'attentat du 14 janvier donna à ces griefs l'occasion de se produire au sein de l'opinion. En apprenant d'où les bombes étaient venues, d'où les meurtriers étaient partis, on se rappela tout ce que nous venons d'énumérer, le nombre des tentatives précédentes, leur origine, le lien qui les rattachait aux affiliations révolutionnaires, les appels incessants à la vengeance auxquels répondaient les explosions meurtrières. Alors, sans tenir compte du funeste hasard qui avait réuni à Londres les réfugiés les plus violents de tous les pays, et des conséquences de cette réunion dans un pays aussi libre que l'Angleterre, avec des institutions aussi larges que les siennes, l'opinion publique, vivement impressionnée d'un ensemble de faits qui avaient tous la même origine, accusa une tolérance qui l'inquiétait depuis longtemps. Dans sa légitime indignation contre ceux qui avaient excité ou exécuté le crime, elle fit à cette tolérance une part de responsabilité qu'il n'eût pas été plus juste d'imposer à l'Angleterre qu'à la Belgique, à la Suisse ou au Piémont. L'opinion céda à une irritation qui n'était que l'effet de son dévouement et de son respect pour l'Empereur. Le souverain de la France ne pouvait qu'en être reconnaissant; mais il convient de remarquer que, toujours semblable à lui-même dans une question personnelle en quelque sorte, qui touchait à son existence, à celle de l'Impératrice, échappée comme lui à la mort, il ne s'est pas départi un seul instant de la justice qu'il devait à tous, du calme qu'il se devait à lui-même.

Disons-le, toutefois, il y a en France plus d'indignation que d'inquiétude à l'égard de ces organisations de réfugiés qui, comme on l'a vu plus haut, en veulent à la vie de l'Empereur parce qu'ils le considèrent comme le bouclier de l'ordre social et l'obstacle à l'anarchie universelle. S'ils font horreur à tout le monde, ils ne font peur qu'aux gens faibles ; mais ils n'effrayent ni la société, ni le Gouvernement. Il est à remarquer que, parmi les complots que nous avons énumérés, deux seulement ont été exécutés, sans réussir, grâce à Dieu; tous les autres ont été déjoués par la vigilance énergique de la police française, aussi active pour prévenir le mal que les révolutionnaires sont ardents pour le faire triompher.

Quant au peuple anglais, il professe, nous le savons, une horreur égale à la nôtre pour ces forfaits qui se préparent chez lui pour s'accomplir chez nous. Mais, sans méconnaître ses sentiments, sans porter la moindre atteinte à l'indépendance de ses institutions, il était permis de considérer ces tentatives si souvent répétées comme des avertissements, et d'y trouver l'indication de grands devoirs pour tous les gouvernements. Aussi, après le 14 janvier, il n'y eut qu'un seul cri dans toute la France pour demander deux choses : la première, l'éloignement de nos frontières des assassins condamnés par la justice; la seconde, l'interdiction de l'apologie publique de l'assassinat par les journaux ou dans les meetings. Ce vœu se retrouva dans les discours des grands corps de l'État, dans les adresses envoyées par la magistrature, par les conseils municipaux, par la garde nationale. Les adresses de l'armée devaient naturellement être plus vives; elles exprimaient avec une énergie toute militaire le sentiment de la France. Quelques-unes seulement devaient blesser les susceptibilités de l'Angleterre. Le comte Walewski a donné à cet égard une explication dont la parfaite bonne foi devait tout effacer et tout réparer.

IX

A Londres, on a pris ce prétexte pour ranimer les susceptibilités nationales et pour dénaturer la conduite et les intentions du Gouvernement français. On a voulu faire croire que la France demandait à l'Angleterre et aux nations voisines de renoncer au droit d'asile, droit sacré qu'elle respecte, qu'elle pratique, puisqu'elle donne non-seulement un refuge à plus de dix mille Italiens, Espagnols, Allemands, Polonais, mais même des subsides à un grand nombre d'entre eux.

Le droit d'asile n'a donc pas besoin d'être défendu contre nous. Loin de l'attaquer, nous le respectons comme une de nos traditions nationales. Jacques II et ses partisans, trahis par la fortune, trouvèrent dans l'hospitalité de Louis XIV une compensation de la patrie qu'ils avaient perdue. Charles-Édouard, vaincu à Culloden, rentra en France, et, si malheureusement le droit d'asile fut violé en sa personne, c'est que la faiblesse de Louis XV ne sut pas le maintenir contre les exigences de l'Angleterre. Charles-Édouard, arrêté en sortant de l'Opéra, fut obligé d'aller se cacher en Italie, où il mourut. Ce fut une honteuse exception qui permit de mesurer à quel degré d'abaissement nous étions tombés ; car, il faut le dire, sous tous les gouvernements la France a ouvert ses portes aux étrangers que des motifs politiques éloignaient de leur pays.

Ce n'est pas l'Empereur Napoléon III qui voudrait renier cette tradition de notre histoire, à laquelle se mêlent les souvenirs de sa propre destinée. Il ne saurait oublier que, pendant son exil, il a profité du droit d'asile, courageusement maintenu en sa faveur par la Suisse, et loyalement pratiqué par l'Angleterre envers sa mauvaise fortune.

Il ne songe donc pas à gêner un droit sacré qui fut sa sauvegarde. Les représentants des anciennes dynasties vivent à nos portes, dans des États qui nous avoisinent. L'Empereur n'a pas eu la pensée de s'alarmer de leur présence près de nos frontières, ou de réclamer leur éloignement, comme on le faisait à son égard en 1838. Il respecte leur malheur plus qu'on n'a respecté le sien.

Aujourd'hui plus que jamais le droit d'asile est donc sacré pour nous. La France, qui ne le sacrifierait à personne, ne demande pas aux puissances alliées ou voisines d'y renoncer ; seulement elle se croit fondée à réclamer des autres États ce qu'elle est prête à faire pour eux.

X

Mais le droit d'asile qui protége les représentants ou les défenseurs des causes perdues ne doit pas être confondu avec le droit de refuge qui dérobe les assassins à la responsabilité de leur crime. Il y a dans la confusion de deux choses si distinctes non-seulement une violation de la morale, mais aussi un danger pour la société.

Dira-t-on que le droit d'asile exercé en Angleterre protége des hommes de parti et non les auteurs et les complices de l'assassinat? Nous avons montré déjà d'où venaient les conspirateurs qui avaient attenté à la vie de l'Empereur ; nous avons montré aussi quels étaient leurs complices, d'où partaient les excitations aux crimes, dans quel pays l'apologie de ce crime était libre et publique.

Si, comme le disait M. Gibson, le comte Walewski a trompé le peuple anglais en signalant à sa bonne foi et à sa probité ces apologies publiques de l'assassinat qui ont lieu tous les jours sous la tolérance de sa généreuse hospitalité, nous passons condamnation. Mais le comte Walewski s'est-il trompé ?

Nous avons fait des citations qui suffisent déjà pour établir les faits ; nous pourrions les multiplier et citer encore de plus horribles paroles et de plus horribles écrits ; mais nous craindrions, en mêlant à cet exposé ces échos des passions les plus sauvages, ces appels au meurtre, ces outrages à ce qu'il y a de plus auguste dans le monde, d'en troubler le calme et l'impartialité. Est-il besoin d'ailleurs de prouver l'évidence? Il se tient à Londres des meetings où l'on glorifie les assassinats ; il se vend à Londres des libelles atroces où l'on érige en système, en droit et en devoir, le meurtre des souverains de l'Europe ; où les trônes, les autels, les armées, les lois, les magistratures, la société, Dieu lui-même sont traînés dans le sang et dans la boue ! De telles saturnales dépassent jusqu'à la barbarie. Il n'y a pas une seule législation, ni dans les temps anciens, ni dans les temps modernes, qui les tolère; et l'on viendrait prétendre que cette tolérance n'est, de la part de l'Angleterre, que l'exercice du droit d'asile! L'asile est dû aux partis vaincus, il est dû à tous, sans exception; il est dû même aux rebelles qui, après avoir attaqué la loi de leur pays, mettent entre eux et leur rébellion la frontière; cette frontière est inviolable! Mais il n'est pas dû aux monstres qui ne sont d'aucun parti, si ce n'est du parti de l'assassinat.

L'Angleterre ne peut pas ainsi comprendre l'application du noble droit d'asile; elle ne peut pas couvrir de ce principe d'humanité des crimes qui n'ont rien d'humain. Sa conscience s'est déjà soulevée contre une pareille interprétation, qui est également désavouée par son histoire.

Ce n'est pas la première fois que l'on abuse du droit d'asile à Londres et que l'on essaye d'y abriter la provocation au crime. En d'autres temps, qui sont encore près de nous, d'odieux pamphlets avaient été publiés en Angleterre, sous le couvert de son hospitalité, contre les chefs des gouvernements étrangers. Disons tout de suite que ces pamphlets, quoique très-violents, pourraient passer pour modérés si on les comparait à ceux d'aujourd'hui. Ces publications furent cependant poursuivies et condamnées par la justice. Les détails de ces procès ont en ce moment un intérêt d'actualité qui nous les a fait rechercher dans les archives de la procédure anglaise. Ils seront certainement lus avec fruit des deux côtés du détroit (1).

XI

En 1802, après le traité d'Amiens, un sieur Jean Peltier, réfugié français, publia à Londres, dans les numéros d'un journal français intitulé *l'Ambigu, ou Variétés atroces et amusantes*, d'infâmes libelles contre le premier Consul de la république française, Napoléon Bonaparte.

Le gouvernement anglais s'émut de ces publications contre le chef d'un gouvernement ami, et fit poursuivre en justice le sieur Jean Peltier pour avoir, dit l'acte d'accusation, « fait imprimer et « publier un odieux libelle, ayant pour but direct « de provoquer la haine et le mépris du peuple fran- « çais contre le premier Consul Napoléon Bona- « parte, et d'exciter à l'assassinat contre sa per- « sonne. »

Les débats de cette affaire eurent lieu, le 21 juillet 1803, à la cour du banc du roi, devant le très-honorable lord Ellenborough.

L'accusation fut soutenue avec la plus grande énergie par l'attorney général, au nom du gouver-

(1) *The trial of John Peltier,* 21 février 1803, Londres; imprimé par Coxson and Baylis, 73, Great Queen street, Lincoln's Inn's Fields, 1803.

nement de Sa Majesté Britannique, dans une éloquente plaidoirie dont voici la péroraison :

« Messieurs, je renonce à vous présenter beau- « coup d'autres raisons encore.

« Je vous ai dit, dès le commencement, quels « étaient, dans mon opinion, et le but et la tendance « de cet ouvrage, et maintenant permettez-moi de « vous demander si vous ne sentez pas, comme « moi, que cela est un crime dans ce pays; si « l'excitation à l'assassinat, en temps de paix, n'est « pas un très-grand crime?

« Si nous étions en temps de guerre, je n'aurais « pas de peine à prouver qu'il y a quelque chose de « si vil et de si honteux, quelque chose de si con- « traire en tous points au caractère anglais, quelque « chose de si immoral dans l'idée de l'assassinat, « que l'excitation à assassiner ce premier magistrat « ou tout autre serait un crime contre les honora- « bles sentiments de la loi anglaise. Que doit-ce « être donc quand, au lieu d'être en guerre, nous « sommes en paix avec ce souverain? Ne vous en « laissez point imposer par de vaines déclamations « sur ce titre. Que le souverain contre lequel le « libelle dont il s'agit a été dirigé soit un monarque « assis sur un trône qu'il tient d'une longue suite « d'aïeux, ou un homme élevé à ce pouvoir par la « Révolution, par le choix de son pays ou de toute « autre manière, cela ne fait pas de différence. Il

« est, *de facto*, le principal magistrat, et doit être « respecté par ceux qui sont les sujets de ce pays, « qui lui doivent une fidélité temporaire; il doit « être respecté comme si ses ancêtres avaient joui du « même pouvoir pendant une suite de générations.

« On parlera peut-être d'attaques publiées dans « *le Moniteur* contre notre gouvernement. Que « nous importe cela ? Je défends ici l'honneur de la « loi anglaise, l'honneur de la nation anglaise. Je « dis que ce libelle est un crime, et comme tel je l'ai « déféré à un jury anglais; et si d'autres pays « croient que des publications telles que celle-ci « peuvent leur être avantageuses, qu'ils en aient le « bénéfice; mais, quant à nous, n'en ayons pas la « honte! »

Ils n'en eurent pas la honte en effet! Le premier Consul n'était cependant encore, comme le disait l'attorney général, que le premier magistrat de son pays. La gloire, la volonté nationale, la religion ne l'avaient pas encore sacré empereur. Sa dynastie n'était pas passée comme aujourd'hui dans le droit de l'Europe ; elle ne s'était pas mêlée à tous ses intérêts, à toutes les conditions de son existence et de la civilisation ; elle n'avait pas d'aïeux, elle n'avait que l'avenir devant elle. Ce n'est qu'après un demi-siècle que l'histoire devait étendre sur elle sa puissante égide et lui donner tout à coup la consécration du temps, y ajoutant celle du malheur. Mais le premier Consul était défendu par la justice anglaise contre les libellistes comme s'il avait été déjà l'héritier d'un trône, lui qui n'était pas encore un ancêtre. Lord Ellenborough ne fut pas moins explicite que l'attorney général; ses paroles sont aussi utiles à recueillir. On croirait entendre un appel à la justice contre les libellistes de 1858.

« Messieurs, en résumé, d'après l'examen le plus « scrupuleux que j'ai pu faire de ces différentes « publications, il me paraît démontré que le but « et la tendance directe et indirecte de ces écrits « (malgré la très-ingénieuse interprétation et la « couleur qu'a su leur donner l'éloquence presque « incomparable du défenseur) a été de dégrader et « d'avilir, de rendre odieux et méprisable le pre- « mier Consul, dans l'opinion du peuple de ce pays « et de la France, mais surtout dans l'opinion du « peuple français, et en même temps, d'exciter à « l'assassinat et à la destruction de sa personne. — « Telle paraissant être la tendance immédiate et di- « recte de ces publications, je ne puis, pour rem- « plir consciencieusement mon devoir, faire autre- « ment que de déclarer que ces écrits, qui ont une « telle tendance à l'égard d'un magistrat étranger, « qui ont été publiés dans ce pays, et dont la consé- « quence est de tendre directement à interrompre « et à détruire la paix et l'amitié entre les deux « pays, sont, en droit, des libelles.

« Et, dans l'accomplissement exact de votre de-
« voir, je suis certain qu'aucune pensée d'injure
« passée ou à craindre dans l'avenir ne vous fera
« dévier de la rigueur et de l'impartialité de la jus-
« tice. Mais votre verdict frappera de réprobation
« tous les projets d'assassinat et de meurtre. Consi-
« dérez aussi combien de semblables projets peu-
« vent être dangereux s'ils ne sont réprouvés et dé-
« couragés dans ce pays : ils peuvent retomber, par
« voie de représailles, sur la tête de ceux dont le
« salut nous est le plus cher.

« Messieurs, j'espère que votre verdict fortifiera
« les relations qui lient les intérêts de ce pays à ceux
« de la France, et qu'il justifiera d'une manière
« éclatante, dans le monde entier, la conviction
« qui existe partout, depuis longtemps, de la pu-
« reté irréprochable de la justice anglaise et de
« l'impartialité qui préside toujours à ses déci-
« sions.

« Messieurs, l'affaire est entre vos mains; vous
« rendrez le verdict que vous dictera votre cons-
« cience. »

Le jury, sans quitter sa place, rendit immédiatement un verdict de culpabilité.

Voilà comment la vieille Angleterre, au lendemain et à la veille d'une guerre implacable, réprouvait et punissait les outrages contre le premier Consul, dont elle n'aimait pourtant pas la gloire.

Quoique la paix d'Amiens vînt d'être signée, elle était si près d'être rompue que cette justice était moins celle d'un allié que celle d'un ennemi. Mais cet ennemi était un grand peuple, et il savait élever sa conscience au-dessus de son orgueil, son honneur au-dessus de ses ressentiments ou de ses jalousies. Depuis six ans l'Angleterre semblait avoir oublié des traditions et des exemples que nous avons été heureux de retrouver dans son histoire. Elle s'en est souvenue cependant; lord Derby n'a pas été moins explicite dans les premières paroles qu'il a prononcées comme chef du nouveau cabinet que lord Palmerston dans le dernier discours qu'il a prononcé comme ministre de la Reine. Lord Clarendon s'est chargé à son tour d'établir la parfaite exactitude de tous les faits énoncés par le comte Walewski dans sa dépêche du 20 janvier. Ainsi il n'y a plus rien à prouver; tout est constaté désormais et reconnu par les éminents hommes d'État du ministère actuel comme par les honorables membres du ministère précédent. Nous sommes donc sûr qu'ils seront d'accord, au milieu de leurs divisions, pour donner à l'alliance, dont ils reconnaissent la grandeur et les bienfaits, toutes les garanties nécessaires à la dignité et à l'intérêt des deux peuples.

Les précédents que nous avons rappelés ont d'ailleurs une grande importance; ils ne seront peut-être pas sans intérêt pour les ministres de la Reine. Ils prouvent que la législation de l'Angleterre, sa politique, son histoire s'élèvent, autant que les principes généraux du droit public de tous les peuples, contre l'indigne abus que l'on fait de son hospitalité. Ils autorisent complétement l'appel que le Gouvernement français a dû adresser à une puissance alliée dans l'intérêt de l'ordre social tout entier. Cet appel n'a eu d'autre but que de faire comprendre aux États alliés ou voisins la nécessité de certaines garanties pour rassurer la civilisation contre des ennemis qui, pour arriver à leur but, proclament, organisent et pratiquent l'assassinat, et dont les complots ne sont pas des luttes, mais des meurtres.

Nous n'avons pas besoin d'insister davantage : c'en est assez pour justifier l'émotion profonde de l'opinion publique. En présence de l'ensemble des faits que nous avons rapidement esquissés, en présence de la tolérance prolongée dont leurs auteurs abusaient avec tant d'audace, la France s'est refusée à croire que la législation existante de l'Angleterre fût suffisamment efficace ; elle s'en est inquiétée et irritée. Quant au gouvernement de l'Empereur, il s'est borné à exposer la situation, à expliquer les causes de l'irritation qui s'était manifestée dans le pays, s'en remettant d'ailleurs à la loyauté du Gouvernement anglais pour donner satisfaction à la justice, à la morale, à l'intérêt social, au droit des gens.

XII

Nous avons expliqué notre conduite à l'égard de l'Angleterre; nous avons montré ce que l'Empereur Napoléon III avait été pour elle : nous pouvons dire hautement que l'Angleterre n'a jamais trouvé un allié plus loyal, plus persévérant, plus indépendant des petites passions et des rancunes. Cette justice lui était rendue dernièrement au sein du Parlement, comme elle lui sera rendue par l'histoire, et nous acceptons cet hommage pour la France et son souverain comme un honneur. Aussi avons-nous la confiance que le peuple anglais ne se laissera pas tromper par des attaques aussi difficiles à expliquer qu'impossibles à excuser, et que, son bon sens, son patriotisme l'emportant sur de fausses interprétations, l'alliance des deux pays restera à l'épreuve de ces derniers incidents.

Nous en avons le ferme espoir, car il est impossible que quelques malentendus exagérés par un incident imprévu puissent avoir l'influence d'affaiblir l'accord de deux grands peuples dont l'alliance est si indispensable à l'avenir du monde civilisé. Cette alliance éloigne en effet les idées de conquête; elle garantit la sécurité et la liberté de l'Europe, les intérêts de l'Angleterre et de la France étant identiques sur tous les points du globe lorsqu'il s'agit d'humanité et de civilisation.

C'est pour cela qu'il était sage de former cette alliance, et qu'il est utile, dans l'intérêt général, de la maintenir.

Après cet exposé, l'opinion de l'Europe jugera si la France a compris cette obligation, si elle l'a remplie, et si elle a le droit incontestable de se dire sans reproches, et, par conséquent, sans crainte devant le jugement de la conscience publique.

Paris. — Typographie de Firmin Didot frères, fils et Ce, rue Jacob, 56.

www.ingramcontent.com/pod-product-compliance
Lightning Source LLC
LaVergne TN
LVHW020251230826
846091LV00006B/2352

* 9 7 8 2 0 1 1 7 8 7 1 4 9 *